Waprocho Stéphane Coulibaly

La Pédagogie de l'enseignement Biblique

Waprocho Stéphane Coulibaly

La Pédagogie de l'enseignement Biblique

Comment former des disciples

Éditions Croix du Salut

Imprint
Any brand names and product names mentioned in this book are subject to trademark, brand or patent protection and are trademarks or registered trademarks of their respective holders. The use of brand names, product names, common names, trade names, product descriptions etc. even without a particular marking in this work is in no way to be construed to mean that such names may be regarded as unrestricted in respect of trademark and brand protection legislation and could thus be used by anyone.

Cover image: www.ingimage.com

Publisher:
Éditions Croix du Salut
is a trademark of
Dodo Books Indian Ocean Ltd. and OmniScriptum S.R.L publishing group

120 High Road, East Finchley, London, N2 9ED, United Kingdom
Str. Armeneasca 28/1, office 1, Chisinau MD-2012, Republic of Moldova, Europe
Managing Directors: Ieva Konstantinova, Victoria Ursu
info@omniscriptum.com

Printed at: see last page
ISBN: 978-620-6-17004-4

Coulibaly Waprocho Stéphane

La Pédagogie de l'Enseignement Biblique

Tome 1

Remerciements

Avant Toute Chose je rends grâce à Jésus-Christ qui par son sang versé à la croix m'a racheté et a fait de moi enfant de Dieu. Je rends grâce à l'enseignant parfait le Saint-Esprit qui m'a utilisé afin de propager l'évangile de Christ par ce livre.

Je Tiens à remercier aussi mon père spirituel le Dr Alla Sourkou, Fondateur de la Mission Internationale de La Bible (MINETAB) qui m'a soutenu dans la prière, l'enseignement. Que Dieu se souvienne de ce que vous faite pour moi qu'ils bénissent toutes vos entreprises

Je Rends Grâce au Seigneur pour ma Famille, Le Colonel Téa Paul, Mr et Mme Coulibaly, Coulibaly Samuel, Coulibaly Annick, Angoran Eliezer, Angoran Sheba, Béni Emmanuel et aussi mes amis, qui n'ont jamais cessé de croire en ce que l'Esprit de Dieu a mis en moi.

Je Bénis le Nom du Seigneur pour la vie des Etudiants de l'institut de Connaissance Biblique. Que Dieu se souvienne de tout ce que vous faites pour mon ministère

Alléluia Hosanna à Jésus-Christ !

Avant-Propos

En Osée 4.6 il est écrit : « *mon peuple périt parce qu'il lui manque la connaissance. Puisque tu as rejeté la connaissance, je te rejetterai, et tu seras dépouillé de mon sacerdoce ; puisque tu as oublié la loi de Dieu, j'oublierai aussi tes enfants* »

Le problème du Chrétien aujourd'hui est le manque de connaissance, même le monde dans lequel nous sommes est dominé par des personnes doué de connaissance, et nous Chrétiens avons pour but de propager l'Evangile, mais la propagation de l'Evangile commence par la connaissance de la parole de Dieu. Un homme sans connaissance est un homme vide de savoir, il ne peut influencer ce monde, il ne peut impacter, il ne peut produire de la richesse, car c'est la connaissance qui produit la richesse.

Le leitmotiv de ce livre est de permettre à tout Chrétien de parvenir avec le Saint-Esprit à transmettre la connaissance de la parole de Dieu

Prenez le temps de bien travailler les points abordés dans ce livre

Que Dieu vous bénisse !

SOMMAIRE

INTRODUCTION

La Bible nous dit en **Mat 28. 19-20**: «

19   *Allez, faites de toutes les nations des disciples, les baptisant au nom du Père, du Fils et du Saint Esprit,*

20   *et enseignez-leur à observer tout ce que je vous ai prescrit. Et voici, je suis avec vous tous les jours, jusqu'à la fin du monde.* »

Dans ce passage profond de Jésus, il envoie ses disciples en mission non pas pour gagner des âmes mais pour former des disciples de Jésus comme ils l'ont été. Pour ce faire les Apôtres débuterons par l'évangélisation car pour faire des disciples il faut que la personne soit en Jésus-Christ.

Un disciple vient du latin **discipulus qui signifie "élève, étudiant, disciple"**.

Ainsi pour faire des disciples, les Apôtres s'appuieront sur le témoignage de Jésus-Christ afin que l'Évangile parvienne jusqu'à nous.

Par ailleurs afin de former il faudrait au préalable être formé et instruit dans toute la doctrine de Christ afin que l'enseignement puisse être véhiculer dans son intégralité.

Dans ce qui suivra nous expliquons comment un disciple peut-il former un autre disciple ? La doctrine de Christ, la pédagogie d'enseignement de la parole de Dieu, comment la maitriser et l'enseigner.

I- La Doctrine de Jésus-Christ

Tout à un sens. L'évangile que nous prêchons n'est pas l'évangile théologique, credo, dogmatique, que vous entendez chaque jour. Ce n'est pas la lettre qui tue, mais, c'est l'esprit qui vivifie (2 Corinthien3.3-6).

Et avec l'Apôtre Paul, nous voulons que vous deveniez par ce message, une lettre de Christ, écrite par l'Esprit du DIEU vivant sur la table de votre cœur. C'est la Vérité elle-même que nous voulons prêcher. Et si c'est la vérité, alors clle a une base scientifique. Oui !

C'est la science de DIEU contenant Christ, le mystère de DIEU, renfermant la sagesse infinie de DIEU, que nous voulons prêcher (Colossien2.2-3). *Jésus dit en Jean 8.32 : « Vous connaîtrez la vérité et la vérité vous affranchira ».* C'est une science capable et susceptible d'être démontrée, pratiquée, que nous voulons vous révéler. Vous, disciples de Christ, vous devez être capables, après la lecture et l'étude approfondie de ce livre, de pratiquer ce message et d'être des producteurs de preuves. Des signes doivent vous accompagner si et seulement si vous croyez en Jésus-Christ et si vous comprenez vraiment son langage. En *Marc 16.17-18 nous lisons : « voici les miracles ou les signes qui accompagneront ceux qui auront cru… »*.

Il faut que des signes vous accompagnent, accompagnent votre croyance, votre compréhension de la vérité de DIEU.

L'apôtre Paul dit en *Romains 15.4: « Or, tout ce qui a été écrit d'avance l'a été pour notre instruction, afin que, par la patience, et par la consolation que donnent les Écritures, nous possédions l'espérance»*.

En *2 Timothée 3.16-17 nous lisons : « Toute Écriture est inspirée de Dieu, et utile pour enseigner, pour convaincre, pour corriger, pour instruire dans la justice, afin que l'homme de Dieu soit accompli et propre à toute bonne œuvre. »*.

Notre christianisme n'est pas uniquement fondé sur l'histoire. Ce n'est pas un christianisme judaïque, pharisaïque, de clergé, basé sur des fables et des faits préétablis par les humains pécheurs. Le fondement de notre christianisme est Christ, la vérité. C'est un christianisme qu'il faut posséder et pratiquer tous les jours de sa vie. Les enseignements de Jésus compris, libèrent l'être (Jean 8.32-36). L'évangile doit pouvoir nous corriger, nous ramener dans la voie droite, dans le chemin, comme Bartimée.

Nous ; pervertis, égarés, perdus dans l'ignorance, hors du chemin, nous devons redevenir comme notre Père hautement estimé (Bartimée signifie : comme son Père Timée, hautement estimée) ; image et ressemblance de Dieu (Genèse1.26-28). En Hébreux 6:1-2, il est présenté la synthèse de la doctrine de Christ, qui était la doctrine de Paul. Cette doctrine est fondée sur le renoncement aux œuvres mortes (aux vieilles œuvres des ténèbres, aux œuvres infructueuses des païens donnant la mort). Voici les leçons fondamentales de cette doctrine de Christ présentée en **Hébreux 6:1-2 : la foi en Dieu; la doctrine des baptêmes; l'imposition des mains; la résurrection des morts; le jugement éternel.**

Toutes ces leçons conduisent à une seule chose : renoncer aux œuvres mortes et être sauvé.

II- Le Moteur de l'enseignement Biblique

La Bible nous dit en *Luc 12.11-12 : « 11 Quand on vous mènera devant les synagogues, les magistrats et les autorités, ne vous inquiétez pas de la manière dont vous vous défendrez ni de ce que vous direz; 12 car le Saint Esprit vous enseignera à l'heure même ce qu'il faudra dire. »*

En Jean 14.26 la Bible nous dit: *« 26 Mais le consolateur, l'Esprit Saint, que le Père enverra en mon nom, vous enseignera toutes choses, et vous rappellera tout ce que je vous ai dit »*.

L'enseignant parfait de la parole de Dieu est le Saint-Esprit. Les hommes ne sont que des vases qu'il utilise afin d'enseigner son peuple.

Ainsi vous pouvez devenir aussi ce vase entre les mains du Saint-Esprit.

Lui seul sonde les profondeurs de Dieu car personne ne connait Dieu si ce n'est l'enseignant parfait le Saint-Esprit. Lorsqu'il viendra il nous enseignera sur toute la doctrine de Christ mentionnée plus haut en ayant pour seul objectif: Jésus-Christ et Jésus-Christ crucifié.

<u>COMMENT ETRE ENSEIGNÊR PAR LE SAINT-ESPRIT ?</u>

Avant toutes choses sachez que le Saint-Esprit ne se contredit pas, il a un cahier de charge et un message bien précis qu'il communique sans quoi aucun autre message ne vient de lui.

Jean 16.13: « *Quand le consolateur sera venu, l'Esprit de vérité, il vous conduira dans toute la vérité; car il ne parlera pas de lui-même, mais il dira tout ce qu'il aura entendu, et il vous annoncera les choses à venir. Il me glorifiera, parce qu'il prendra de ce qui est à moi, et vous l'annoncera. 15 Tout ce que le Père a est à moi; c'est pourquoi j'ai dit qu'il prend de ce qui est à moi, et qu'il vous l'annoncera* ».

Ainsi il ne parle que de Jésus-Christ.

Voici des méthodes à partir de mon expérience qui permettrons au Saint-Esprit de pouvoir vous enseigner parfaitement.

1- La Soif de la parole de Dieu : vous devez vraiment vouloir connaitre la parole de Dieu c'est l'essence même de la connaissance de Dieu, sans la soif vous ne serez jamais enseigné parfaitement par le Saint-Esprit Mat 5.6; Jean 4.14; Apo 7.16

2- La prière-proclamation : Proclamer régulièrement Hébreux 4.12-13, Jean 14.26 **3-** La méditation régulière de la parole de Dieu

3- Faire une offrande à un Homme rempli de la parole de Dieu et ayant une connaissance approfondie des écritures afin qu'il prie pour vous.

III-Les Types de messages

1. L'exhortation

Du latin exhortationem (nominatif exhortatio) signifiant "une exhortation, un encouragement", l'exhortation consiste ainsi à encourager, donner un encouragement au moyen de la parole de Dieu.

Cet exercice va au-delà de l'Église car la Bible nous recommande de le faire à tout moment.

Ro 12.8, Ro 15.14, Col 3.16, 1 Thés 5.11, He 3.13

2. La Prédication

Du latin ecclésiastique praedicatio (« action d'annoncer l'Évangile »)

La prédication consiste à annoncer l'Évangile, mais pas n'importe quel Évangile, celui de Jésus-Christ. Celui qui prêche annonce l'Evangile c'est pourquoi l'Apôtre Paul dira en *1 Cor 2.4 : « 4 et ma parole et ma prédication ne reposaient pas sur les discours persuasifs de la sagesse, mais sur une démonstration d'Esprit et de puissance, »* Puis en *1 Cor 1.17-18: « 17 Ce n'est pas pour baptiser que Christ m'a envoyé, c'est pour annoncer l'Évangile, et cela sans la sagesse du langage, afin que la croix de Christ ne soit pas rendue vaine. 18 Car la prédication de la croix est une folie pour ceux qui périssent; mais pour nous qui sommes sauvés, elle est une puissance de Dieu. »*

3. L'Enseignement

Du latin populaire *insignare, « indiquer », d'où « instruire », du latin classique insignire, « mettre une marque, signaler, distinguer ».

Enseigner consiste à instruire, mettre une marque, approfondir la parole de Dieu. Mat 28.20, Ac 2.42, Ro 12.7, 1 Tim 4.11-18.

Celui qui enseigne, instruit, et partage la connais□ sance et c'est ce que les disciples de Jésus ont fait jusqu'à leur Mort.

Celui qui enseigne forme des disciples sous la base de la parole de Dieu.

IV- Comment former des Disciples

Le Disciple est un élève ayant un maître un modèle à suivre afin que lui aussi soit un autre modèle pour des nations. La mission de Jésus-Christ ne s'arrête pas à gagner des âmes mais à faire de ces âmes des disciples de Jésus-Christ. Ainsi comment former des disciples de Jésus-Christ ? Comment faire d'eux des exemples à suivre?

1- Choisir ses disciples

Celui qui veut former ses disciples doit les choisir.

Un chantre n'est pas un disciple, un pasteur etc. Toutes ces personnes ne sont pas des disciples. Jésus lors du début de sa mission s'est choisi des disciples

Chaque disciple (12) de Jésus constitue les douze facultés du Saint Esprit.

Par exemple André signifie la vision Philipe signifie la persévérance.

Ainsi parmi ces disciples chacun avait aux moins une faculté du Saint Esprit. Grâce à ce choix parfait l'Évangile est arrivé à nous. Suivant le modèle de Jésus Christ nous devons choisir des disciples en fonction de leurs qualités.

Parmi ces disciples que vous choisirez l'un doit avoir la vision (André) l'autre la foi (Pierre) l'autre la persévérance (Philipe) etc. Pour accomplir cette tâche extrêmement difficile vous devez avoir le discernement et prier afin d'être guider par le Saint Esprit.

2- Connaître sa mission

La connaissance de votre mission permettra aux disciples de pérenniser votre mission se fut le cas de Jésus avec ses disciples.

Ils avaient la pleine connaissance de la mission de Jésus, sa mort, sa résurrection, et le salut de l'humanité voici pourquoi en Actes 2 Pierre réussit à convertir près de 3 milles âmes.

Vous devrez sans cesse faire connaitre votre mission à vos disciples afin qu'il la continue à votre absence.

3- Communiquer le premier message

Le premier enseignement que vous devez communiquer c'est l'amour et le Saint-Esprit.

N'imposez pas un style de vie. En toutes choses communiquez l'amour afin qu'en votre absence les disciples continuent l'œuvre par amour et non par contrainte car la bible dit malheur à celui qui fait l'œuvre de Dieu avec négligence.

L'œuvre de Dieu ce n'est pas serrer son visage à la chair ni comme si vous avez un médicament à la bouche mais de transmettre le message du Saint Esprit avec joie.

Vous devez communiquez l'amour de la prière du jeune.

4. Avoir une affinité avec son disciple

Cela semble invraisemblable mais le disciple doit tout savoir du maitre. Ils doivent avoir une affinité particulière. Cette affinité brisera les barrières de méfiances. C'est pourquoi il est très important de bien choisir ses disciples. Juda se trouvera toujours parmi vos disciples. Priez toujours pour vos disciples et soyez toujours à leur service.

5. Avoir des temps intime avec eux

Vous devez avoir des temps de formation, des missions. Ils doivent vous accompagner dans tout ce qui vous faites. Maitriser vos enseignements, votre manière de faire. Ils doivent tout trouver en vous. Ils doivent être vos yeux et vos oreilles.

V- Comment preparer sa documentation?

Former des disciples, ce n'est pas leur prêcher la parole de Dieu comme on le fait à l'Église.

La pédagogie d'enseignement s'apprend, et se maitrise.

Tout formateur doit connaitre la pédagogie de l'enseignement Biblique afin d'être utile à son disciple.

Vous devez former dans l'objectif que les autres puissent former à leur tour. Si vous voulez bâtir des gens en Christ alors laissez tomber la formation et concentrez-vous sur la prédication, l'enseignement etc.

La Formation je le redis n'est pas une prédication, ni un enseignement, mais La formation est l'action d'un formateur s'exerçant sur une ou plusieurs personnes en vue de les adapter techniquement, physiquement et psychologiquement à leurs futures fonctions.

Celui qui est formé doit être capable de reproduire ce que le formateur a donné comme clé technique.

 Ex: Comment prêcher, comment enseigner, comment faire tel ou tel chose.

Pour réussir à ce stade le formateur doit parvenir à monter une bonne documentation individuelle qui sera pour les autres un guide de formation.

Cette documentation doit être propre au formateur, elle doit le définir.

Cette documentation doit être ses gênes, sa vie, son mémoire. Votre expérience peut en faire partie mais cela ne doit pas être votre formation.

La documentation doit être basée uniquement sur la parole de Dieu et non sur des livres, des récits etc.

Cela n'exclut pas le fait que vous devez lire des livres mais cela ne doit pas constituée votre documentation afin que les étudiants à leur tour cherchent des solutions dans la parole de Dieu plutôt que dans les livres. Dans votre documen-tation il doit y avoir :

- La théorie : Uniquement basée sur la parole de Dieu

- L'assimilation : les exercices basés sur le cours que vous avez donné

- la pratique : les cours doivent avoir le volet théorie et le volet pratique

- la transmission: le cours doit permettre à l'Étudiants de le transmettre fidèlement Toute votre formation doit être basée sur la Bible et doit contenir tous ces caractères, pour ce fait votre cour doit être moyen et pas très long sinon il sera difficile à retenir.

VI- Les Atouts dont vous avez besoin

1. Comprendre l'œuvre de la croix

La plus grande confusion dans l'Église est le manque de connaissance de l'œuvre de la croix. La maîtrise de l'œuvre de la croix vous permettra de comprendre toutes les doctrines enseignées par Jésus-Christ.

C'est cet enseignement que nous, enseignant devons transmettre à toutes les générations. Jésus l'a fait, les apôtres l'ont fait, Paul l'a fait durant tout son parcours.

Il y a un message essentiel que le Saint Esprit a révélé aux Apôtres de l'église primitive. Ce message est la prédication de la croix.

Il est caché dans toute la Bible, de la Genèse à l'Apocalypse. Et c'est ce message que nous, serviteurs de Dieu de ce siècle de la fin, devons prêcher jusqu'à ce que Jésus-Christ notre Seigneur revienne. (1 Corinthiens 1.16-18; 21-23 ; 1 Corinthiens 2. 1-10).

Ce message respecte une démarche scientifique. C'est cette démarche que Paul appelle la science et la sagesse mystérieuse et cachée de Dieu (1 Corinthiens 2 :18 ; Colossiens 2 : 2-3). Cette sagesse, Paul l'appelle CHRIST.

NB : Christ = science de Dieu ; mystère de Dieu dans lequel sont cachés tous les trésors de la sagesse et de la science de Dieu.

L'enseignement de la parole de Dieu respecte donc une profonde logique dans son interprétation. Et le livre le plus logique au monde est la Bible. La bible a une base purement scientifique. En 1 Corinthiens 2. 4, Paul écrit : « Et ma parole et ma prédication ne reposaient pas sur les discours persuasifs de la sagesse mais sur une démonstration d'esprit et de puissance ».

Qu'est-ce qu'une démonstration de la puissance de Dieu?

Paul répond à cette question en 1 Corinthiens 1. 17-18. En Corinthiens 1:18 il dit : « Car la prédication de la croix est une folie pour ceux qui périssent mais pour nous qui sommes sauvés, elle est une puissance de Dieu ».

Ainsi, la puissance de Dieu est la prédication de la croix. Et c'est cela l'évangile selon Romains 1:16 ; car il est écrit dans ce verset : Car je n'ai point honte de l'évangile, c'est une puissance de Dieu pour le salut de quiconque croit du juif premièrement puis du grec. (Romains 1.16).

2. Avoir le Saint-Esprit comme Professeur

L'intuition de la démarche scientifique biblique qui révèle Jésus-Christ crucifié est conduite uniquement par le Saint-Esprit. Le Saint-Esprit est notre seul pédagogue divin. C'est lui l'enseignant parfait. Jean 14.26, Jean 16.13-15, 1 Jean 2.26-27. Toute la Bible, depuis le livre de Genèse jusqu'à l'Apocalypse, en passant par les quatre évangiles est purement scientifique : C'est cela la démon□stration. Lorsqu'on est formé par le Saint-Esprit on comprend que la démarche d'interprétation qui permet d'aboutir à la révélation de Jésus-Christ crucifié. Lorsqu'on a fait un peu de géométrie en mathématique, on sait que le mot démontrer est composé du préfixe dé et du suffixe montrer. Démontrer c'est montrer le but visé, en se servant d'une démarche (composé aussi de : dé et marche), qui fait appel à des lois et des propriétés. Si en géométrie purement intellectuelle ; le but visé dans la démarche est de prouver par exemple que deux droites sont parallèles ou qu'un triangle est rectangle ou équilatéral, ici avec le Saint-Esprit et la Bible, le but visé dans la démarche est de révéler Jésus-Christ et Jésus-Christ crucifié dans tel ou tel passage des écritures.

C'est cela la démonstration de la puissance de Dieu. Et cette démonstration est faite uniquement par le Saint-Esprit en l'homme. C'est cela le mystère de Dieu renfermant la science et la sagesse de Dieu (Colossiens 2 : 2-3). C'est ce que Jésus lui-même faisait avec les apôtres (Luc 24 .27 ; 44 ; Jean 5. 45-47). Et c'est ce que faisait en tout temps l'Apôtre Paul (Actes 28 :23-30).

3. La prière

Concernant la formation, ce que je veux dire par là, c'est que non seulement je dois prier avant de commencer sa préparation, mais aussi que la préparation doit elle-même être un moment de prière avec Dieu au travers de sa Parole. Que voulaient dire les apôtres en disant qu'ils devaient se consacrer « à la prière et au ministère de la parole », et pourquoi cet ordre?

Mon sentiment personnel est que, dans la tradition de nos manuels pastoraux, nous avons sur-individualisé ce processus. Les apôtres (du moins pouvons-nous le supposer) parlaient vraiment de « nous ». Pas « moi, Pierre » ou « moi, Jean », mais « nous, Pierre, Jean, Jacques, Thomas, André… ensemble ».

Est-ce une mauvaise compréhension de la situation actuelle que soupçonner les prédicateurs de cacher leur besoin désespéré de prière pour leur prédication et leurs besoins personnels? Par contraste, réfléchissez aux appels de Paul. Et n'oublions pas les mots de Spurgeon, lorsqu'on lui demandait quel était le secret de son ministère: « Mon assemblée prie pour moi ». 1 Thés 5.17.

4. Ayez une Bonne Imagination

Il s'agit simplement d'énoncer ce que les maîtres de la prédication des siècles passés ont soit explicitement écrit, soit implicitement au moins décrit. Toute bonne prédication implique l'utilisation de l'imagination. Aucun grand enseignant n'a manqué d'imagination. Nous pourrions même peut-être aller jusqu'à dire qu'il s'agit simplement d'une exhortation à aimer le Seigneur notre Dieu avec tout notre… esprit (!), et notre prochain comme nous-même.

L'Écriture elle-même suggère qu'il existe de nombreuses manières de donner libre cours à l'imagination; d'où les différents genres dans lesquels la Parole de Dieu est exprimée (poésie, récit historique, dialogue, monologue, histoire, vision, et ainsi de suite). On ne trouve pas deux auteurs bibliques qui aient le même type d'imagination. On imagine mal Ézéchiel écrire le livre des Proverbes, par exemple!

Qu'entendons-nous par « imagination »? Nos dictionnaires donnent une série de définitions. Leur point commun semble être la capacité de « penser en dehors de soi-même », de « voir ou concevoir la même chose d'une manière différente ». Dans certaines définitions, la capacité de concevoir, d'exercer l'ingéniosité ou la puissance créatrice de l'esprit font partie des nuances du mot. L'imagination, dans la prédication, signifie être capable de comprendre assez bien la vérité pour pouvoir la traduire dans un autre type de langage – la transposer dans une autre tonalité musicale –, afin de présenter cette vérité d'une manière qui permette aux autres de la voir, de comprendre sa signification, de sentir son pouvoir. L'imagination doit permettre de briser les barrières, de donner à comprendre un texte jusqu'à ce que les auditeurs s'en imprègnent dans leur esprit, leur volonté et leurs affections, afin qu'ils comprennent non seulement les termes du texte, mais aussi leur vérité et leur puissance.

Luther a agi ainsi en utilisant la force dramatique à l'état brut dans son discours. Whitfield en utilisant des expressions qui l'étaient (peut-être même trop, selon certains). Calvin – de manière peut être inattendue – s'est servi de l'imagination en utilisant le langage extraordinairement grivois de la vie genevoise de son époque. Ainsi, une personnalité écrasante comme celle de Luther, un prédicateur dramatique comme Whitfield, doué pour moduler sa voix et narrer les histoires (David Garrick n'a-t-il pas dit qu'il donnerait n'importe quoi pour pouvoir dire « Mésopotamie » à la manière de Georges Whitfield?). Un grand érudit, un pêcheur retraité et réticent; tous ont en commun d'avoir utilisé l'imagination, bien que de manières très différentes les unes des autres. Ils ont regardé et entendu la Parole de Dieu telle qu'elle pourrait entrer dans le monde de leurs auditeurs, pour les mener à la conversion et les édifier spirituellement.

Quel est le secret? Apprenez à vous prêcher la Parole à vous-mêmes, de son contexte à votre contexte, pour rendre concrète dans la réalité de votre vie la vérité qui était présente historiquement dans la vie des autres. Voilà pourquoi les anciens maîtres parlaient des sermons qui ne sortaient de leurs lèvres avec puissance que lorsqu'ils avaient d'abord été assimilés dans leur cœur avec puissance.

5. Utilisez votre propre voix

Le mot « voix » est utilisé ici dans le sens de style personnel. « Connais-toi toi-même », pour christianiser la sagesse des philosophes.

Cela dit, trouver une voix – au sens littéral – est également important.

Le bon prédicateur qui utilise mal sa voix est en effet comme un bateau à fond plat. Clairement, feindre l'émotion devrait être banni; nous ne sommes pas des acteurs dont la voix est modulée selon le rôle qui doit être joué.

Mais le fait d'être créés à l'image de Dieu, des créatures qui parlent et qui partagent ses louanges et sa Parole, requiert vraiment de nous que nous fassions tout ce que nous pouvons avec les ressources naturelles que le Seigneur nous a données.

Toutefois, c'est « voix » dans le sens métaphorique qui est vraiment visé ici – notre approche de la prédication qui fait d'elle qu'elle est authentiquement « nôtre », et non une imitation servile de quelqu'un d'autre.

Oui, nous pouvons – et devons – apprendre d'autrui, positivement et négativement.

En outre, il est toujours important quand d'autres prêchent de les écouter avec les deux oreilles ouvertes: une pour notre alimentation personnelle à travers le ministère de la Parole, l'autre pour essayer de déceler les principes qui rendent cette prédication utile aux gens.

Nous ne devons pas devenir des clones. Certains hommes ne grandissent jamais en tant que prédicateurs parce que le « costume de prédicateur » qu'ils ont loué ne leur va pas ou ne convient pas à leurs dons.

Au lieu de devenir l'exceptionnel prédicateur textuel, historico-rédempteur, centré sur Dieu ou quoi que notre héros puisse être, nous

pourrions nous enfermer et mettre en danger notre don propre et unique en essayant d'utiliser le paradigme, le style ou la personnalité de quelqu'un d'autre comme un moule dans lequel nous fondre.

Nous devenons moins que notre vrai nous en Christ. Le mariage de notre personnalité avec le style de prédication d'un autre peut être une recette pour devenir terne et sans vie.

 Cela vaut donc le coup de prendre le temps d'essayer d'évaluer de manière continue qui nous sommes et ce que nous sommes réellement en tant que prédicateur, en termes de forces et de faiblesses.

6. Soyez tri-unitaire

N'est-ce pas déjà le cas? Dans certaines de nos communautés du moins, pas un culte ne se déroule sans que la congrégation ne confesse un seul Dieu, Père, Fils et Saint-Esprit.

Mais comme il est communément reconnu, le christianisme occidental a souvent eu une tendance particulière à un unitarisme explicite ou pragmatique, que ce soit envers le Père (pour les libéraux, à des fins pratiques), le Fils (pour les évangéliques, et surtout peut-être dans ses réactions contre le libéralisme) ou l'Esprit (pour les charismatiques, en réaction aux deux courants précédents).

C'est sans doute une caricature. Mais ce qui me préoccupe ici, c'est le sentiment que les prédicateurs qui croient en la Bible (et pas seulement eux) continuent de penser que la Trinité est la plus spéculative et donc la moins pratique de toutes les doctrines.

Après tout, que pouvez-vous « faire » à la suite d'une prédication qui met l'accent sur Dieu comme Tri-unité? Eh bien, au moins intérieurement (si ce n'est extérieurement), tomber à genoux pour adorer le Dieu si ineffable, si incompréhensible à nos calculs mentaux, et qui pourtant cherche à être en relation avec nous!

Je me demande parfois si c'est l'échec qui a conduit les Églises à accorder du crédit aux prétendus « analystes » et à leurs affirmations comme quoi « ce que votre communauté fait le mieux, c'est la louange… Tous vos petits groupes devraient se focaliser dessus ».

N'est-on pas au bord du blasphème? (Il n'y a sûrement qu'une seule personne qui puisse évaluer la qualité de notre culte.) Cette approche confond l'esthétique et l'adoration. **L'Évangile selon Jean nous suggère que l'un des fardeaux les plus lourds que notre Seigneur aie dû porter durant ses dernières heures avec ses disciples a été de les aider à comprendre que l'être de Dieu en tant que Tri-unité est le cœur de ce qui rend l'Évangile possible et réel, et que c'est connaître Dieu en tant que tel qui constitue le sang vital pour une vie de foi (cf. Jn 13–17).** Lisez Paul en ayant cela à l'esprit, et il devient évident que sa compréhension du Père, du Fils et du Saint-Esprit est profondément ancrée dans l'Évangile qu'il s'est approprié.

Nos assemblées ont besoin de savoir que, par l'Esprit, ils sont en communion avec le Père et avec son Fils Jésus-Christ. Ma prédication leur permet-elle de le savoir?

CONCLUSION

Que tout formateur puisse avoir le discernement sur le choix de ses disciples et qu'il soit en mesure de

remplir parfaitement la mission que Jésus-Christ nous a confié à savoir faire des nations des disciples

DIEU VOUS BENISSE!

Printed by Books on Demand GmbH, Norderstedt / Germany